BEI GRIN MACHT SICH IHR WISSEN BEZAHLT

- Wir veröffentlichen Ihre Hausarbeit, Bachelor- und Masterarbeit

- Ihr eigenes eBook und Buch - weltweit in allen wichtigen Shops

- Verdienen Sie an jedem Verkauf

Jetzt bei www.GRIN.com hochladen und kostenlos publizieren

Bibliografische Information der Deutschen Nationalbibliothek:

Die Deutsche Bibliothek verzeichnet diese Publikation in der Deutschen Nationalbibliografie; detaillierte bibliografische Daten sind im Internet über http://dnb.d-nb.de/ abrufbar.

Dieses Werk sowie alle darin enthaltenen einzelnen Beiträge und Abbildungen sind urheberrechtlich geschützt. Jede Verwertung, die nicht ausdrücklich vom Urheberrechtsschutz zugelassen ist, bedarf der vorherigen Zustimmung des Verlages. Das gilt insbesondere für Vervielfältigungen, Bearbeitungen, Übersetzungen, Mikroverfilmungen, Auswertungen durch Datenbanken und für die Einspeicherung und Verarbeitung in elektronische Systeme. Alle Rechte, auch die des auszugsweisen Nachdrucks, der fotomechanischen Wiedergabe (einschließlich Mikrokopie) sowie der Auswertung durch Datenbanken oder ähnliche Einrichtungen, vorbehalten.

Impressum:

Copyright © 2018 GRIN Verlag
Druck und Bindung: Books on Demand GmbH, Norderstedt Germany
ISBN: 9783668694286

Dieses Buch bei GRIN:

https://www.grin.com/document/423488

Tanja Enssle

Antisemitismus im 21. Jahrhundert

Ist das Thema heute noch aktuell?

GRIN Verlag

GRIN - Your knowledge has value

Der GRIN Verlag publiziert seit 1998 wissenschaftliche Arbeiten von Studenten, Hochschullehrern und anderen Akademikern als eBook und gedrucktes Buch. Die Verlagswebsite www.grin.com ist die ideale Plattform zur Veröffentlichung von Hausarbeiten, Abschlussarbeiten, wissenschaftlichen Aufsätzen, Dissertationen und Fachbüchern.

Besuchen Sie uns im Internet:

http://www.grin.com/

http://www.facebook.com/grincom

http://www.twitter.com/grin_com

Ist das Thema heute noch aktuell?
Antisemitismus in Deutschland im 21. Jahrhundert

Gliederung

- „Antisemitismus"
  - Worterklärung
  - Definition
- Ursprünge des Antisemitismus
- Historische Formen des Antisemitismus
  - religiös begründete Judenfeindschaft
  - sozialer/ politischer Antisemitismus
  - rassistischer Antisemitismus
- Antisemitismus – heute
  - Antisemitische Vorfälle 2017 in Deutschland
  - Formen des Antisemitismus
  - Antizionismus
  - Antisemitismus unter Muslimen
  - KZ-Besuchspflicht für alle Schüler/innen und Migrant/innen – ein wirksames Mittel gegen Antisemitismus?
  - Aktuell: Bundesregierung fordert Antisemitismus Beauftragte/n
  - Fazit zur Fragestellung
  - Zukunftsausblick
- Quellen

Antisemitismus – Worterklärung

- Judenfeindlichkeit
- Anti (gegen) die Semiten
  - Semiten = Völkergruppe
    - Der Begriff Antisemitismus meint aber nur die Juden
- Der Begriff entstand 1879 im Umkreis des Publizisten Wilhelm Marr
- Der Begriff prägt heute alle Erscheinungsformen der Judenfeindschaft
- Antisemitismus kennt verschiedene Motive und Ausprägungen

Antisemitismus – Definition

"Antisemitismus ist eine bestimmte Wahrnehmung von Juden, die sich als Hass gegenüber Juden ausdrücken kann. Der Antisemitismus richtet sich in Wort oder Tat gegen jüdische Einzelpersonen und/oder deren Eigentum, sowie gegen jüdische Gemeindeinstitutionen oder religiöse Einrichtungen."

https://www.tagesschau.de/inland/antisemitismus-definition-101.html

Ursprünge des Antisemitismus

- Was war die Grundlage für die Judenfeindschaft?
  - Babylonische Eroberung des jüdischen Landes
    - Juden wurden nach Babylonien exiliert, viele flohen nach Ägypten
  - Jüdischer Krieg
    - Nach dem Krieg wurden viele Juden versklavt und kamen in alle Teile des römischen Reichs

  ⇒ Lebten in der Diaspora *(griech.: Zerstreuung)*
  ≫ bildeten überall Minderheit

Religiös begründete Judenfeindschaft (Antijudaismus) [Christentum zum Judentum]

- Religiöse Feindschaft des Christentums gegenüber dem Judentum
- Vorwürfe, weil sie den „Messias" nicht anerkennen wollen
- Diskriminierung der der Juden durch christliche Kirche
  - Spezielle Kleidung
  - Besondere Berufsstruktur: Handel, Geldleihe

http://www.juedische-geschichte-hameln.de/images/geschichte/am-mittelalter/grossaufgekleidung.jpg

Sozialer/ Politischer Antisemitismus

- Besonderen Berufsstruktur
  - Als Finanziers galten sie als reiche Ausbeuter, Kapitalisten und geldgierig
- Durch ihre gesellschaftliche Stellung wurden Juden für alles verantwortlich gemacht, was man selbst nicht verstand (aus unerklärlichen Gründen sterbende Kinder, Moderne, Kapitalismus etc.)
- Weltverschwörung
  - Juden bilden mächtige verschworene Gruppe die mit ihrem Geld weltweit das Geschehen bestimmt.
  - Protokolle der Weisen von Zion
    - Pläne des „Weltjudentums", die Weltherrschaft zu übernehmen
    - FÄLSCHUNG!!! => Antisemitische Zwecke
- Wurden für Revolutionen und Moderne verantwortlich gemacht

Sozialer/ Politischer Antisemitismus

> Geldgier
> Verschwörungstheorie => zu viel Einfluss

https://de.wikipedia.org/wiki/Datei:1893_La-Libre-Parole-antisemitische-Karikatur.jpg

Rassistischer Antisemitismus

- Entstand mit Rassenlehre im 19.Jhd.
  - Juden werden als eine den Ariern untergeordnete Rasse betrachtet
- Völkermord an ca. 6 Millionen Juden durch die Nazis

Antisemitische Vorfälle 2017 in Deutschland

- **19.12.2017:** Jüdischer Gastronom wird von einem Passanten vor laufender Kamera antisemitisch beschimpft
  - Nach einem Interview sagt er, solche Vorfälle seien Alltag
- **März 2017:** In einer Schule in Berlin-Friedenau beleidigen muslimische Mitschüler 14-jährigen Schüler antisemitisch
  => Schulwechsel *[Solche Fälle bei muslimischen Jugendlichen sind keine Seltenheit]*
- **Dezember 2017:** V.a. Propalästinensische Männer demonstrieren gegen Verlegung der US Botschaft nach Jerusalem.
  Israel- Fahnen wurden verbrannt
  Demonstration wurde antisemitisch

➡ *1 453 gemeldete antisemitische Vorfälle 2017*

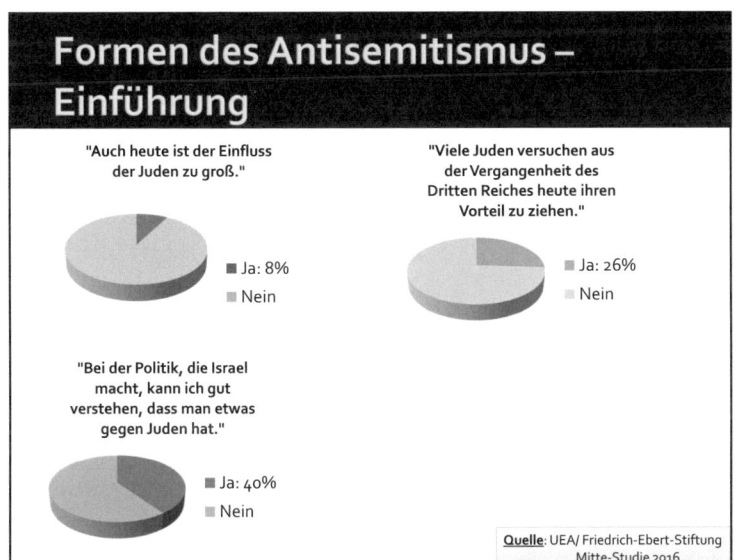

Quelle: UEA/ Friedrich-Ebert-Stiftung Mitte-Studie 2016

Formen des Antisemitismus

Religiöser Antisemitismus (Christentum zum Judentum) = Antijudaismus	Sozialer/ politischer Antisemitismus	Rassistischer Antisemitismus	Sekundärer Antisemitismus
• Pauschale Ablehnung der jüdischen Religion • Vorwürfe, weil sie angeblich den „Messias" nicht anerkennen wollen	• Eingebildeter oder tatsächlicher Status von Juden in der Gesellschaft ist Motiv • Sieht Juden als einheitliche Gruppe, die ihre politische und gesellschaftliche Macht ausdehnen wollen (=> verschwörerische Aktivitäten)	• Sieht mutmaßlich negative Eigenschaften von Juden in ihrer Natur begründet •Können dieser Einschätzung nicht entgehen • Führte zum Holocaust	• Leugnung des Holocausts •Forderung das NS-Verbrechen zu vergessen (Schlussstrich) • Juden versuchen aus dem Holocaust Vorteile zu ziehen

Zionismus= jüdische Bewegung mit dem Ziel einen selbstständigen Nationalstaat für Juden in Palästina zu schaffen

Seit Gründung des Staates Israel auf palästinensischem Gebiet Palästinenser haben Gefühl vertrieben worden zu sein

Nahost-Konflikt : Israel wird alleinige Verantwortung zugesprochen (Pro-Palästinenser)

Israel wird Existenzrecht abgesprochen

Kann Antizionismus auch antisemitisch sein?
JA => Antizionistischer Antisemitismus
Antizionismus ist antisemitisches Motiv

Handlungen Israels mit Holocaust gleichsetzen (Vertreibung der Palästinenser)

Richtet sich gegen den Staat Israel, nicht gegen Jüdinnen und Juden

Legitime Kritik an Israel ≠ Antizionismus => Israel darf, wie jedes andere Land kritisiert werden

Formen des Antisemitismus

Religiöser Antisemitismus (Christentum zum Judentum) = Antijudaismus	Sozialer/ politischer Antisemitismus	Rassistischer Antisemitismus	Sekundärer Antisemitismus	Antizionistischer Antisemitismus "Bei der Politik, die Israel macht, kann ich gut verstehen, dass man etwas gegen Juden hat." ■ Ja: 40% ■ Nein
• Pauschale Ablehnung der jüdischen Religion • Vorwürfe, weil sie angeblich den „Messias" nicht anerkennen wollen	• Eingebildeter oder tatsächlicher Status von Juden in der Gesellschaft ist Motiv • Sieht Juden als einheitliche Gruppe, die ihre politische und gesellschaftliche Macht ausdehnen will (=> verschwörerische Aktivitäten	• Sieht mutmaßlich negative Eigenschaften von Juden in ihrer Natur begründet • Können dieser Einschätzung nicht entgehen • Führte zum Holocaust	• Leugnung des Holocausts • Forderung das NS-Verbrechen zu vergessen (Schlussstrich) • Juden versuchen aus dem Holocaust Vorteile zu ziehen	•Gleichsetzung von Juden und Staat Israel • Man begründet Judenfeindschaft mit dem Handeln des Staats Israel

Antisemitismus unter Muslimen

Vor allem unter muslimischen Jugendlichen ist der Antisemitismus besonders ausgeprägt.
=> Wachsen damit auf
- Nahost-Konflikt => Antizionistischer Antisemitismus
  - Schicksale der eigenen Familie/ des eigenen Volkes durch Nahost- Konflikt (Flucht, Vertreibung)
- Falsche Interpretation des Korans/ religiöse Quellen
  - Ca. 1/3 des Korans beschäftigt sich mit Geschichten über Juden => Geschichten werden aus historischem Kontext gerissen und auf alle Juden in der Gegenwart übertragen
  - Z.B. Salafisten verbreiten fragwürdige Aussagen Mohammeds, in denen Gott Juden verflucht

Durch Einwanderung vieler Muslime nach Deutschland, können antisemitische Einstellung hierzulande bestärkt werden (Demonstrationen Berlin)

Moslem ≠ Antisemit

Sollte ein Besuch im KZ für alle Schüler/innen und Migrant/innen verpflichtend sein, um Antisemitismus vorzubeugen?

Pro (nicht Vorteile insg.)	Contra
• Gibt Anstoß zur eigenen Befassung mit dem Thema • Fördert Erinnerungskultur • Lernen an authentischen Orten ist wichtig, jede/r, der/ die in Deutschland lebt, sollte Möglichkeit dazu bekommen	• Zwangspädagogik wirk häufig kontraproduktiv • Gedenkstätte sind auch ohne Pflicht schon über Wochen ausgebucht • Nicht zielführend, da Unterricht immer so individuell wie möglich gestaltet werden sollte => Andere Einrichtungen: *Anne Frank Zentrum* • Antizionistischer Antisemitismus: Verschiedene Sichtweisen auf Nahost Konflikt • Gedenkkultur könne vor allem dann getragen bleiben, wenn sie nicht offiziell verordnet werde • Besuch zum falschen Zeitpunkt => aus einem Kriegsgebiet geflohene Menschen möchten sich haben individuelle Gründe, sich gerade nicht mit so einem Thema befassen zu wollen

Sollte ein Besuch im KZ für alle Schüler/innen und Migrant/innen verpflichtend sein, um Antisemitismus vorzubeugen?

Meiner Meinung nach sollte ein KZ Besuch nicht verpflichtend sein, da ein Besuch der Gedenkstätte nicht immer zielführend ist, vor allem dann nicht, wenn man die Gedenkstätte nicht aus eigener Motivation aus besucht. Darüber hinaus besteht meiner Meinung nach die Gefahr, dass der Besuch eines KZ als „Heilmittel" für Antisemitismus instrumentalisiert wird, wodurch individuelle Maßnahmen nicht mehr berücksichtigt werden. Außerdem wäre der Pflichtbesuch für alle Schülerinnen und Schüler und Migrantinnen und Migranten ohnehin nicht praktikabel, da die Gedenkstätte auch ohne eine Besuchspflicht ausgebucht sind. Dennoch ist ein Besuch in einer Einrichtung, die sich mit Antisemitismus und Nationalsozialismus beschäftigt immer empfehlenswert, was nicht immer ein KZ sein muss.

Aktuell: Bundesregierung fordert Antisemitismus Beauftragten

Bundestag fordert Bundesregierung auf, eine/n Antisemitismusbeauftragte/n zu berufen (Antrag von: CDU/CSU, SPD, FDP, Grüne)
- Aufgaben
  - Koordination der Maßnahmen der Bundesregierung zur Bekämpfung des Antisemitismus
  - Ansprechpartner/in für Belange jüdischer Gruppen und gesellschaftlicher Organisationen
  - Ansprechpartner/in für Antisemitismusbekämpfung durch Bund, Länder
  - Koordinierung einer ständigen Bund-Länder-Kommission mit Vertreter/innen der zuständigen Stellen
  - Sensibilisierung der Gesellschaft für aktuelle und historische Formen des Antisemitismus durch Öffentlichkeitsarbeit sowie politische und kulturelle Bildung

Entnommen: http://dip21.bundestag.de/dip21/btd/19/001/1900444.pdf

Fazit zur Fragestellung

Ist das Thema „Antisemitismus" heute noch aktuell?
- Anders als früher wird Antisemitismus heute nicht vom Staat ausgeübt/ unterstützt, trotzdem drückt sich Antisemitismus heute vielerlei aus (Beschimpfungen, im Netz, Gewalt)
- Früher: religiös, sozial, politisch, rassistisch
- Heute: sekundär, antizionistisch, politisch
- Durch Nahost Konflikt werden antisemitische Einstellungen bestärkt
- Durch Integration vieler Muslime, wo Antisemitismus sehr ausgeprägt ist, kann es zu verstärkter Diskriminierung von Juden kommen

 Der Antisemitismus ist in verschiedenen Ausprägungen auch heute noch aktuell

Zukunftsausblick

Meiner Meinung nach wird es Antisemitismus immer geben, denn...
• Der Holocaust wird nie in Vergessenheit geraten => Leugnung, Schlussstrich (Bestand des *sekundären Antisemitismus*)
• Antizionismus wird es geben solange es Israel gibt => Antizionistischen Antisemitismus (Bestand des *antizionistischen Antisemitismus*)

Quellen

- www.bpb.de/politik/extremismus/antisemitismus
- http://www.zeitklicks.de/kaiserzeit/zeitklicks/zeit/politik/begriffe-kurz-erklaert/was-ist-antisemitismus/
- https://www.youtube.com/watch?v=SJz-EDV2C4Y
- http://www.juedische-geschichte-hameln.de/geschichte/amittelalter/ma04.html
- https://www.amadeu-antonio-stiftung.de/die-stiftung-aktiv/themen/gegen-as/antisemitismus-heute/chronik-antisemitischer-vorfaelle-2017/
- https://de.wikipedia.org/wiki/Geschichte_der_Juden
- http://www.br.de/radio/bayern2/sendungen/radiowissen/soziale-politische-bildung/antisemitismus-juden-heute-100.html
- http://www.antisemitismus.net/geschichte/bergmann.htm
- https://de.wikipedia.org/wiki/Antisemitismus_(nach_1945)
- http://www.info-magazin.com/?suchbegriff=ANTISEMITISMUS
- https://www.transatlantikblog.de/2012/04/07/was-ist-antisemitismus-antisemitisch-antizionistisch-definition/
- https://www.tagesschau.de/inland/antisemitismus-definition-101.html
- https://de.wikipedia.org/wiki/Antizionismus
- http://palaestina-portal.eu/zionismus_antizionismus.htm
- http://www.belltower.news/artikel/wann-wird-israelkritik-eigentlich-antisemitisch-9608
- http://www.spiegel.de/politik/deutschland/berlin-antisemitismus-bei-protest-gegen-jerusalem-beschluss-die-fakten-a-1182687.html
- http://www.huffingtonpost.de/entry/fur-viele-muslimische-jugendliche-bricht-in-auschwitz-eine-welt-zusammen_de_5a53a0abe4b003133ecacead
- http://dip21.bundestag.de/dip21/btd/19/004/1900444.pdf
- http://www.faz.net/aktuell/politik/inland/verpflichtende-kz-besuche-warum-experten-dagegen-sind-15386941.html

BEI GRIN MACHT SICH IHR WISSEN BEZAHLT

- Wir veröffentlichen Ihre Hausarbeit, Bachelor- und Masterarbeit

- Ihr eigenes eBook und Buch - weltweit in allen wichtigen Shops

- Verdienen Sie an jedem Verkauf

Jetzt bei www.GRIN.com hochladen und kostenlos publizieren